気をつけよう！
海賊版・違法ダウンロード

③ ルールをやぶると
どうなるの？

監修：上沼紫野（弁護士・虎ノ門南法律事務所）
編：メディア・ビュー
取材協力：（一社）コンテンツ海外流通促進機構（CODA）
　　　　　（一社）日本映画製作者連盟
　　　　　小学館集英社プロダクション

汐文社

はじめに

　私たちが日々、楽しんで利用している漫画や小説、アニメ、映画、音楽などは、それぞれに作った人がいて、できあがるまでにたくさんの時間や労力、お金などが費やされています。けれども、この本で取り上げる「海賊版」は、作者に無断で複製した違法なもので、それらは時間や労力、お金などを費やすことなく作られています。

　違法に作られる海賊版は、以前は形のある「もの」でしたが、インターネットの普及とともに、インターネットを介して視聴したり、ダウンロードしたり、共有したりすることのできる「データ」が主流となっています。この違法な「データ」が世の中に急速に広まり社会問題にもなったのが、違法なデータを集め、サイト上で視聴したりダウンロードしたりできるようにすることで利用者を集める「海賊版サイト」と呼ばれるものです。海賊版サイトのほとんどが無料で利用できるため、違法な存在にもかかわらず、多くの人が訪れるようになってしまっています。

　シリーズ第3巻では、海賊版の運営者や利用者が犯している法律、法律を犯したときの罰則、人の作品を使うときの正しい手順などについて取り上げています。このシリーズで取り上げる内容は、海賊版問題の一部にすぎません。けれども、世の中にあふれる作品を正しく利用するために知っておいてほしい内容をセレクトして紹介しています。将来、みなさんが作品を作る側になったときのためにも、海賊版についての正しい知識を理解していただけたらと思います。

そんな手間かけないもんね〜

2

もくじ

①「他人の権利を守る大事さ」を知ろう

期間限定のサービスや広告を見ることで無料となる配信サイトもありますが、「アニメが無料で見放題」という都合のいい話はそうあるものではありません。作品の公開・配信を正当な権利者以外が行う場合には、守るべきルールがあります。

➡8、9、14、15、16、17ページ

インターネット上で誰もがかんたんに情報を発信したり、データを集めたりできるようになりました。この本では、その際に知っておきたいルールについて取り上げます。

以前は、リンクを設定する行為は一般的には罪とされていませんでしたが、現在は、違法なサイトにことさらに誘導する行為や、主として違法なサイトの利用のためのリンク集を作成する行為は違法に。SNSなどでの違法なサイトのシェアもやめておきましょう。➡19ページ

海賊版サイトなど違法なサイトのことで困ったことがあれば、相談窓口を活用しましょう。➡28ページ

② 海賊版が作られやすくなった背景とは？

現在の海賊版はデジタルデータの特性を生かして作られている

　第1巻でも触れたように、海賊版サイトが現在のように大きな社会問題となった原因の1つに、私たちが、現在楽しんで利用している漫画やアニメ、映画などが、かんたんに複製できるようになったという背景があります。なぜ、複製がかんたんになったかというと、それぞれの作品が「デジタルデータ」となったからです。

　作品がデジタルデータとなる以前は、新聞や雑誌、漫画、小説などは「紙」、アニメや映画、テレビ番組などの映像は「テープ」、音楽は「レコード」といった、リアルな「形のあるもの」に作品が保存されていました。それぞれの作品は、できあがるまでの工程や必要な設備が異なります。文章や漫画を大量に印刷するためには印刷機が必要でしたし、映画やテレビ番組

■ デジタルデータの特性

かんたんに複製できる

マウスを動かすだけですぐ!!

動画をつなぎあわせるのも、カットも編集もかんたん!!

加工がしやすい

ポチッとな

インターネットなどでかんたんに送受信できる

の映像を撮影するためには専用のカメラなどの機材が必要でした。そして、それらを世の中に広く流通させるには、高額な設備をそろえ、かつ、専門の知識と技術を持った多くの人が必要だったため、出版社、新聞社、テレビ局、映画・アニメ製作会社、レコード会社などの特定の企業のみが作品を発信・流通させることができました。

　現在、作品のほとんどがデジタルデータとなりました。デジタルデータ化以前の紙やテープなどへの複製は品質が劣化するほか、費用もかかります。けれども、「形の見えない」デジタルデータは、品質を劣化することなくかんたんに複製ができ、加工がしやすく、インターネットなどによって送受信も容易に行えます。さらに、パソコンやスマートフォン（以下、スマホと略）で利用できるアプリの進化によって、専門の知識や機材などが必要だった多くの作品が、一般の人でもかんたんに作れるようになりました。また、個人がSNSなどで自分の作品や、その情報を発信しやすい環境も作られました。

　作品のデジタルデータ化はより多くの人が創作活動をし、発信できるようになったという意味では、文化の広がりを示すいいことです。けれども、かんたんに複製したり無断使用したりしやすくなったため、さまざまな場で、ぼう大な数の海賊版が出現するようになり、文化を広げる活動の妨げにもなってしまいました。

ポイント

私たちが普段楽しんで利用している多くの作品はデジタルデータで、複製や加工、送受信などがしやすい特性がある。
そのため、海賊版が作られやすくなってしまった。

人が作った創作物は、
勝手に使われないように保護されている

「形のあるもの」からデジタルデータへと変わったことで急増した海賊版は、さまざまな分野に影響を与え、法律を見直す（くわしくは18ページ）きっかけにもなりました。この見直された法律が「著作権法」です。

創作活動から生まれた文章や、漫画やイラストなどの絵、映像、音楽などのことを「著作物」と呼び、作った人のことは「著作者」と呼びます。ここからくわしく解説する「著作権」は、著作物が著作者以外の人に、勝手に使われたり、まねされたり、売られたりすることのないように保護する権利です。また著作権は、権利を保護することでさらなる創作活動を促進するとともに、権利を公正に利用してもらい、その後の文化の発展をうながすという目的のためにも役立っています。他人の作品を勝手に複製して公開している海賊版は、まさに著作者の権利を侵害し、文化の発展を妨げる存在ということですね。

著作権は自分の気持ちや考えを表現する創作物が作られた時点で発生します。たとえば、授業で書いた自

勝手に
使っちゃ
ダメ！

著作権

分の作文は、書いた時点から著作権で保護されるのです。

　ちなみに、この著作権は一般に「知的財産権」というカテゴリーの権利に分類されます。みなさんは財産というと、どんなものを思い浮かべますか？　土地やお金でしょうか。財産には、土地やお金など形のある財産（有形財産）のほかに、形のない知的財産も含まれます。知的財産には、文章や絵、漫画、アニメ、映画、音楽など人の創造的活動によって生み出された著作物のほか、産業に利用される発明やロゴマーク、商品の名前などの産業財産などが含まれます。

　ここでは、人の創造物には、著作権などのさまざまな権利が発生するということを、まずは覚えておきましょう。

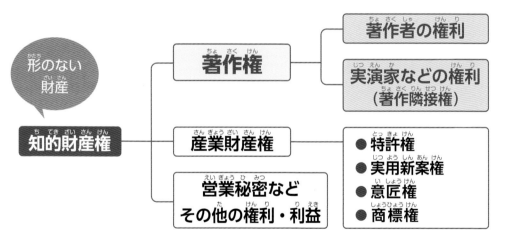

形のない財産

知的財産権

著作権
　└ 著作者の権利
　└ 実演家などの権利（著作隣接権）

産業財産権
　● 特許権
　● 実用新案権
　● 意匠権
　● 商標権

営業秘密など
その他の権利・利益

ポイント

海賊版が侵害しているのは著作権。人によって創造された表現である作品は著作物と呼ばれ、その作品が作られた時点で著作権が発生する。

④ 著作権は大きく分けて 2つのものを守っている

著作者の人格と財産、それぞれが守られている

著作権法では、著作権の内容を大きく2つに分けて定めています。

1つは「著作者人格権」と言って、著作物をとおして表現された著作者の人格を守るものです。以下のような権利があります。

著作者の了解なしに作品をみんなに見せられない	著作者の了解なしに著作者の名前を公表できず、表示される名前を決められない	著作者の了解なしに作品を変えられない

もう1つは「著作権（財産権）」と言って、著作者の財産を守るものです。具体例としては、「著作物は使用料を設定してそれを受け取ることができる」などの権利です。著作権（財産権）は、ほかの人に預けたり売ったりすることができます。著作権（財産権）を持つ著作者や著作権（財産権）を譲られた人は「著作権者」と呼ばれます。一方、著作者人格権はほかの人に譲ることはできません。

ちなみに、作品を創作した著作者だけでなく、著作物を世の中に広める役割をする人も、準創作的な活動を行っているとみなされて、一定の権利が保護されます。「著作隣接権」と言い、歌手や演奏家、俳優など実演した人やレコード製作者、放送事業者などには、その歌唱や演技などの実演、製作したレコード（録音物）、放送を、勝手に使われない権利が認められています。

著作物や、その実演や録音などを使うためには、著作権者や著作隣接権などの権利の管理者に使用許可を得る必要があります。しかし海賊版は無断で勝手に複製し公開しており、著作権者だけでなく、著作隣接権を持つ人の権利を侵害している場合も多いです。そのため海賊行為に対して、みんなで協力しながら侵害行為への対抗措置を取っているのです。

著作権が保護している権利は具体的に
どんなものでしょうか。ここでは、権利の内容と、
何を保護しているのかについて説明します。

著作権

著作者の権利

著作者人格権

公表権
著作者が著作物を公表するかどうか、公表する場合には、どんな方法で公表するかを決める権利

氏名表示権
著作物に自分の名前を表示するかどうか、また表示する場合、なんと表示するかを決める権利

同一性保持権
著作物のタイトルや内容を、自分の意思に反して勝手に変えられない権利

著作権（財産権）

以下の権利は、著作者・著作権者の権利。許可を得ずに行うことはできません。

複製権
ダウンロードや録音・録画など、方法に関係なく有形的に複製する権利

上演権・演奏権
演劇や音楽の演奏会のように、多くの人に無形の再生を聞かせたり、見せたりする権利

上映権
映画や写真、絵画などを、多くの人に見せる権利

公衆送信権・公の伝達権など
テレビやラジオ、インターネットなどによる著作物の送信に関する権利、および、送信されたものを受信装置により公に伝達する権利

口述権
小説や詩などを多くの人に口頭で伝える権利

展示権
美術や未発行の写真の著作物の原作品を多くの人に見せるために展示する権利

頒布権
映画を多くの人に販売したり貸したりする権利

譲渡権
映画以外の著作物や複製物を多くの人に譲渡する権利

貸与権
映画以外の著作物の複製物を多くの人に貸し出しする権利

翻訳権・翻案権など
著作物を翻訳、編曲、変形、脚色、映画化する権利

二次的著作物の利用権
自分の著作物（原作品）から創られた二次的著作物について、二次的著作物の著作者が持つ権利（上記のほかの権利）と同じ内容を主張できる権利

実演家などの権利（著作隣接権）

ポイント

著作権は、著作者のさまざまな権利を守っている。そのため、著作者の望まない使われ方はNGだし、他人が勝手に使うことはできない。

11

⑤ そもそも著作物とは何を指す？

著作物には、言語や音楽、踊り、美術、動画など、さまざまな分野のものがある

　海賊版によって、特に大きな被害を受けている漫画やアニメは著作物です。そもそも、著作物にはどんなものがあるのでしょうか。

　著作物は、著作権法で「思想または感情を創作的に表現したもので、文芸、学術、美術または音楽の範囲に属するもの」と定められています。わかり

■ 著作物の種類

種類	内容
言語の著作物	論文、小説、脚本、詩歌、俳句、講演など
音楽の著作物	楽曲（楽曲と一体となった歌詞を含む）
舞踊、無言劇の著作物	日本舞踊、バレエ、ダンスなどの舞踊やパントマイムの振りつけ
美術の著作物	絵画、版画、彫刻、漫画、書、舞台装置など（美術工芸品も含む）
建築の著作物	芸術的な建造物（設計図は図形の著作物）
地図、図形の著作物	地図と学術的な図面、図表、模型など
映画の著作物	劇場用映画、テレビドラマ、ネット配信動画、アニメ、ビデオソフト、ゲームソフト、コマーシャルフィルムなど
写真の著作物	写真、グラビアなど
プログラムの著作物	コンピュータ・プログラム

やすく言えば、自分で考え、心をこめて作り、表現したものと言えるでしょう。一方、表現をせずに自分の頭の中で考えているだけのアイデアは、著作物にはなりません。また、プロが作ったから著作物になるとか、子どもが作ったから著作物にならないという作り手や目的による区別もありません。つまり、大規模なアニメ作品も著作物ですし、あなたがノートに書いたイラストも著作物になるのです。

著作権法は、12ページのような著作物を例としてあげています。一方、以下のものは著作権で保護されません。

■ 著作権で保護されないもの

- 憲法、そのほかの法令

- 裁判所の判決、決定、命令など

- 歴史的事実やデータ

- アイデア

- ありふれた表現や題名、ごく短い文章

- プログラム言語など

- ニュースなど、事実の伝達だけの情報

ポイント

著作物にはさまざまな種類があり、海賊版が問題になっている、
漫画、アニメ、映画、音楽などの作品はみな著作物である。

⑥ 他人の著作物を使うときは、どうすればいいの？

日本で著作物を使う場合は、日本の法律に従う

ここまで海賊版について説明するときに、「許可を取らずに」「無断で」などと書いてきましたが、いったい許可を取るために、どんな手順を踏めばいいのでしょう。ここで、かんたんに解説します。

■ 著作物を利用する際には以下をまず確認しよう

ステップ1		ステップ2		ステップ3		ステップ4
日本で保護されている著作物？	→ はい	著作権の保護期間内のもの？	→ はい	許可を得なくても利用できる場合に当たる？	‥‥いいえ	権利の管理者を調べて許可をもらう
↓ いいえ		↓ いいえ		↓ はい		

許可を取らずに利用可能

ステップ1　日本で権利が保護されているものか確認

著作権の内容は、各国の著作権法で定められていますが、海外の作品でも日本で利用する場合、日本の著作権法に従います。まず、以下の3つを確認しましょう。これらのいずれにも当てはまらない場合は、原則として日本では許可を取らずに利用することができます。

- 日本国民が作った著作物
- 日本国内で最初に発行された著作物
- 条約によって日本が保護する義務を持つ著作物
  （ベルヌ条約、万国著作権条約などの加盟国の著作物。ほとんどの国の著作物はこれに当たります）

人が創作した表現は著作物と呼ばれ、それを利用するためには
許可が必要なことはわかりました。ここでは利用する際に、
どんなことに気をつけるべきで、どんな手順が必要か見ていきましょう。

ステップ2 著作権の保護期間内のものか確認

　著作権は永久に保護されるわけではなく、一定の期間をすぎれば権利は
なくなります。著作権が消滅した著作物は、社会全体の共有財産として自
由に利用できるので、許可を取らずに利用できます。

■ 著作権で守られる期間

著作権の保護期間は著作物が創作された瞬間から始まり、著作者の死後70年間
続きます。著作者が個人ではなく団体の場合は、公表後70年が保護期間です。

70年

創作 ──── 著作権保護期間 ──── 著作権フリー

創作

それぞれ下記の翌年1月1日
から70年間は保護される

著作者
死亡

著作者が
団体の場合は
作品公表

保護期間満了

利用や
複製OK！

※著作権の保護期間が満了になっても著作者人格権は存続するので注意が必要。

ステップ3 許可を得なくても利用できる場合か確認

著作権の保護期間が切れたもののほか、著作権の継承者不在のもの、著作権者が権利を放棄したもの、自由な利用を許可しているものは、許可を取らずに自由に使うことができます。一方、それ以外はすべて許可が必要となると、個人で作品を楽しんだり、学校の授業で使ったりする場合に、制限がありすぎて大変です。そのため、例外的に許可を取らなくても自由に利用できるケースが定められています。

"これは許可がいらないんだ"

著作権フリー

はな　さかな

ねこ　き

■ 例外的に許可を取らずに自由に使えるケース（一部）

私的使用のための複製	自分や家族が使用するための複製はOK。ただし私的複製でも、コピーガードをはずしての複製や違法なコンテンツと知りながらダウンロードすることはNG。
図書館での複製	公共図書館での本や資料の複製はルールに従えばOK。
自分の著作物への引用	定められた条件を守れば、公表されている他人の著作物を引用できる。
学校などの教育機関での複製	授業で使うための複製はOK。ただし、その複製をインターネットを介して送信するときは補償金を払う必要がある。
営利を目的にしない上演	金銭上の利益を目的にせず、入場料が無料で、出演者への報酬がない場合の演奏や上演はOK。

くわしくは以下を参照。文化庁著作権課「学校における教育活動と著作権」（令和5年度改訂版）。
https://www.bunka.go.jp/seisaku/chosakuken/seidokaisetsu/pdf/93874501_01.pdf

ステップ4 権利の管理者を調べて許可をもらう

　許可が必要とわかったら、著作権者などの権利の管理者を調べて許可をもらいます。本やCD、DVDなどの場合は、それらの発売元に問いあわせるといいでしょう。ただし、個別の問いあわせに応じていない場合もあります。

キャラクターの私的複製はどこまでOK？

6ページでも説明したとおり、デジタルデータになっている作品は、かんたんに複製が可能です。近年では漫画やアニメの海賊版だけでなく、その中のキャラクターを使った海賊版商品も横行しています。

キャラクターの私的複製はどこまで許されるのでしょうか。たとえば、あなたが好きなキャラクターの絵を使ったTシャツを自分で作った場合、家の中で着るのはOKです。ただし、友だちに配った場合、業者に依頼してTシャツを作った場合は、私的複製からはずれます。

このキャラクターのTシャツ仲良し6人分作ってください

NO!

ポイント

他人の著作物を使うためには著作権者などの権利の管理者の許可が必要。使う場合は、日本で保護されている著作物か、保護期間内かなど、許可が必要かどうかや、利用方法などの確認をまずしよう。

⑦ ルールをやぶると どうなるの？

海賊版の存在が法律の改正にまでつながった

　著作者の権利を保護し、著作物の公正な利用を確保するための法律である現行の著作権法は、旧著作権法を全面改正し、1970年に制定されました。今から50年以上前の法律なので、社会情勢の変化に対応して、これまでも多くの改正を繰り返しています。

　近年、インターネット上の海賊版による被害が広がり、その影響は漫画、アニメ、映画、音楽、テレビ番組、写真集・文芸書・専門書、ビジネスソフト、ゲーム、学術論文、新聞など、種類を問わず、広範囲に被害が発生しました。特に漫画の海賊版サイトによる被害額は多大で、権利者は、何千億円以上などと試算しています。

　そのため、海賊版対策をより実効性のあるものにするために、著作権法の改正が検討されました。ここでは、特にインターネット上の海賊版対策として2020年に改正された2点について説明します。

こんなにたくさん
ダウンロード
されているのか!!

TITLE　DL

FREE

■ 改正前からあった著作権侵害への 基本的な措置（　　と　　の違いは右ページ参照）

著作権侵害をした者
刑事罰：10年以下の懲役、1,000万円以下の罰金（親告罪※、併科※も可）
現在または今後の侵害を防ぐための差止請求が可能
損害賠償の請求が可能
不当な利益の返還請求が可能
名誉回復などの措置の請求が可能

※親告罪：告訴をしなければ、犯罪者を罪に問うことができない罪。親告罪の場合、検察官が起訴するためには被害者の告訴が必要。※併科：懲役と罰金の2つ以上の刑罰を同時に科すこと。

著作権法に違反すると、どんな罪に問われるのでしょうか。
2020年に行われた法律改正の解説とともに、
罰則などについて説明します。

改正① リーチサイト規制

これまでの著作権法でも、著作者や権利の管理者の許可を得ずに勝手にインターネット上に漫画や動画をアップロードすることは違法でした。そのため、海賊版データがアップロードされているサイトは、改正前の法律でも取り締まることはできました。けれども、サイトのページ上に海賊版データがあるわけではなく、違法な海賊版データのあるサイトへのリンクだけを掲載し、違法コンテンツへと誘導している「リーチサイト」は、当時の著作権法では取り締まることができませんでした。そこで、急増するリーチサイト対策として、海賊版サイトへのリンク情報を集約して誘導するサイトは、著作権法改正により以下のように規制されることになりました。

ちなみに、ルールをやぶったときの責任は、刑事上の責任と民事上の責任に分かれています。罪を犯したことで「懲役○年」など国家から刑罰を受けるのが刑事上の責任で、刑事罰と言います（以下の　　）。権利を侵害された権利者自身から、違反者に対して、損害賠償等の請求をされるのが民事上の責任となります（以下の　　）。

リーチサイトにおける 違法コンテンツへのリンク提供者	リーチサイト・アプリにおいて、 違法コンテンツへのリンクを放置した サイト運営者・アプリ提供者
刑事罰：3年以下の懲役、 300万円以下の罰金（親告罪、併科も可）	刑事罰：5年以下の懲役、 500万円以下の罰金（親告罪、併科も可）
現在または今後の侵害を防ぐための 差止請求が可能	現在または今後の侵害を防ぐための 差止請求が可能
損害賠償の請求が可能	損害賠償の請求が可能

⑦ ルールをやぶるとどうなるの？

改正② ダウンロード違法化

16ページでも説明したとおり、著作物を私的にダウンロードして楽しむことは違法ではありません。ただし、以前から音楽と映像に関しては、違法にアップロードされた著作物と知りながらダウンロードすることは著作権侵害とされ、特に、正規版が有償で提供されている場合は、刑事罰の対象になっていました。

改正によりその対象が、漫画、雑誌、小説、写真、論文、コンピュータ・プログラムなど、すべての著作物に拡大されました。ただし、「損害がわずかなもの」「二次創作やパロディ」「著作権者の利益を不当に害しない」などと認められた場合は著作権侵害とはなりません。また、音楽・映像以外の著作物で、違法ダウンロードで刑事罰に問われるのは、継続的にまたは反復して行うなどの常習性がある場合に限ります。

違法ダウンロードした者

刑事罰：常習性が認められる場合、2年以下の懲役、200万円以下の罰金（親告罪、併科も可）

現在または今後の侵害を防ぐための差止請求が可能　　　損害賠償の請求が可能

すべて 違法ダウンロード NG！

罰金のほか、億単位の損害賠償を求めるケースも

海賊版サイトへの損害賠償でもっとも高額だったのは、第1巻でも触れた「漫画村」事件です。漫画村は、「登録不要で完全無料な漫画サイト」として2016年に開設され、1か月のアクセス数が1億を超えたこともある海賊版サイトでした。あまりの広まりに、出版業界は国を巻き込んで対策に乗り出しました。運営者は国外へ逃亡しましたが、2019年に逮捕。その後、懲役3年、罰金1,000万円、追徴金6,257万円という判決がくだりました。さらに被害を受けた出版社3社は、元運営者に計約19億2,960万円の損害賠償を求める訴訟も起こしています。

漫画の海賊版リーチサイトとして有名だった「はるか夢の址」の元運営者3人に対しては、総額約1億6,000万円の損害賠償の支払いを命じる判決が出ています。また、職場で海賊版ソフトウェアを無断でダウンロードして使ったという罪で、ソフトウェアの会社から損害賠償を求められ、8,000万円以上の賠償金を支払ったという例もあります。

ポイント

ダウンロード違法化の範囲は、音楽と映像以外のすべての著作物にも広がった。高額な損害賠償を求められるケースも増え、海賊版などの違法なサイトへは厳しい対応がされるようになった。

身近なところに違法なものが存在していることを、ぜひ知って

日本のアニメは国内だけでなく、海外でも人気です。
それだけに海賊版問題も国をまたいだ対応が迫られています。
そこでエンターテイメントと教育に関わる企業で海賊版対策に
従事しているSさんに最新事情を聞きました。

Q 普段はどんなお仕事をされているのですか?

　私は小学館集英社プロダクションという会社のキャラクタービジネスに関わる部署の中の「海賊版対策室」で働いています。すべてではありませんが、小学館と集英社の各種作品を扱っています。たとえば、「ドラえもん」「ポケットモンスター」「名探偵コナン」「SPY×FAMILY」などがあります。会社で管理している作品の、著作権を侵害している行為を発見し、対応も行っています。全世界の侵害者とやり取りをしているため、名前をSとさせてください。

Q 現在のアニメの海賊版事情を教えてください。

　以前のアニメの海賊版は、ビデオテープに複製したあきらかに画質の悪いものでした。その後、画質のいいDVDやブルーレイの海賊版ができ、現在、海賊版のほとんどを占めているインターネット上で公開されているものは、さらに画質が良く、大量に出回ってしまっています。

　私たちは毎日、違法なサイトを見つけて削除要請や閉鎖の依頼をしたり、違法サイトが検索されても表示されないようにするなどの手続きを行ったりと、さまざまな海賊版対策を実施していますが、まだすべてについて対応できていません。

　また、海外でも日本のアニメ作品を正規版で見られるようにと、各国の

配信会社と契約を進めているので、以前よりもアニメの正規版を見てもらえる環境は整いました。それでも、作品が世界のすべての言語に翻訳されているわけではないので、正規版が見られない地域では、個人が勝手に翻訳した字幕をつけた映像をYouTubeにアップロードするケースは後を絶ちません。

　現在のアニメの海賊版は、海外でSNSにアップロードされるものや海外の違法な海賊版サイトにアップロードされるものが非常に多いです。日本で放送されたあるアニメ作品が、その日のうちに、インドからYouTubeに100本以上もアップロードされたこともありました。こうした場合にも、少しでも早く削除できるように対応しています。また悪質な海外のサイトで、管理者を特定することが困難な場合は、政府関連機関と連携して対応に当たることもあります。

Sさんが勤務している会社のキャラクタービジネスに関するサイト。キャラクターを使いたいと思った人が、ここから問いあわせをします。

Q アニメ以外にも海賊版と言えるものはあるのですか?

　キャラクターを不正に使用した海賊版商品である「侵害品」があります。キャラクターを、おもちゃや日用品、雑貨、洋服などに使いたいと思ったら、そのキャラクターの著作権を管理している会社に許可を取り、契約を結ばなければなりません。けれども許可を取らずに無断で使用している商品が存在しています。

　インターネットのショッピングサイトで、キャラクターをプリントしたTシャツやスマホケース、キャラクターの着ぐるみなどが売られていますが、そのうち、極端に値段が安いものや粗悪な品質のものについては、侵害品の可能性が高いです。海外で作られたものが多いですね。キャラクターを使うためには使用のためのルールがあるので、勝手に色を変えたり変形させたりするような、作品を貶めるような使い方は許されません。ですから、そ

うした扱いをしている商品かどうかが侵害品を見分ける目安になるでしょう。

　インターネット上では簡単に商品を選び購入することができますが、すべてが正規品というわけではありません。世の中の自分のすぐ手の届くところには違法な商品もあり、自分が買った商品が違法なものだったということも起こり得ます。だから、安すぎるものや、お得すぎると思うものは、「何かがおかしい」と考えたほうがいいと思います。

Ｑ　アニメの海賊版とともに、深刻な問題ですね。どういう意識を持つといいのでしょうか？

　そうですね。これはアニメの海賊版対策でも言えることなのですが、権利を侵害している人たちの中には、「世の中に作品やキャラクターを広めてあげているんだ」と主張する人もいます。しかし、作品を広めるために、作品の関係者は複雑な計画や準備を行っています。作品を広めたいという気持ちだからといっても権利侵害は違法な行為ですし、作品にマイナスの影響をもたらすこともあります。だから、みなさんにはぜひ、いろいろな人の立場から考える習慣をつけてほしいと思います。テレビでアニメを無料で見ることができるのは、企業が作品の放映のためにお金を出していて、その代わりに企業は自社や商品の宣伝を視聴者に対して行っているという仕組みがなりたっているからです。アニメ作品を1本作るためには、大勢の人が関わり、たくさんの予算を使います。そうして作られた作品を無料で見られるということは、何か事情があるかもしれないのです。その事情とは、不法なことをしている人が儲けたいと思っているからかもしれないですし、あなたの個人情報を抜き取るためかもしれません。そうした危険なものを警戒する意識を持てるようになるといいですね。

海賊版サイトがないか、インターネット上で見回っているSさん。違法なサイトの影響で、しばしばパソコンが壊れるのでデータの復旧が得意になったと言います。

「映画を正しく楽しむ」。それが今後のより良い作品につながる

ここからは海賊版撲滅キャンペーンなど、
これまでの映画界で行われてきた海賊版対策について、
一般社団法人日本映画製作者連盟の堀口慎さんに
お話を聞きました。

Q 映画の海賊版事情について教えてください。

　一昔前、映画の海賊版がビデオテープだった頃は、それらが売られているお店の摘発がおもな対策でした。その後、市販された映画のDVDのコピーガードを違法に解除して複製する海賊版の製作や、映画館で盗撮した作品のDVD化、インターネット上での共有などの違法行為が増えました。これらは、著作権法における複製権侵害と公衆送信権侵害に当たるものです。

　この頃までは、それらの海賊版を「違法な商品」「違法なファイル」ということを承知して手に入れ、視聴する人がほとんどでした。ところが現在は、違法に入手した映画のデータがYouTubeなど、誰にでも見られるサイトにアップロードされるようになりました。そのため、一般の人が知らずに海賊版作品を見ることができるようになってしまい、そこはとても大きな問題だと思っています。

Q 海賊版対策として、どんなことをされているのですか?

　現在、取り組んでいるのはおもに2つで、1つは映画館での盗撮防止のための活動です。

　以前は、映画館で作品を撮って家に帰って複製したとしても、それは「私的複製」となり、作品を盗撮するだけでは罪に問えませんでした。そのため、

映画の不正な複製のもととなる盗撮をなくすために、「映画の盗撮の防止に関する法律」が作られました。これにより、盗撮映像のインターネット上での公開やDVDの作成・販売のみならず、映画館での映画の盗撮や録音行為も犯罪となり、盗撮行為に対しては、10年以下の懲役、もしくは1,000万円以下の罰金（またはその両方）が科せられるようになったのです。

この法律を広く認知してもらうために作ったのが、映画館で本編が上映される前に流れる「NO MORE映画泥棒」という

映画盗撮防止のキャンペーンとして始まった「NO MORE 映画泥棒」の現在のポスター。

© 「映画館に行こう！」実行委員会

キャンペーンCMです。盗撮防止のために最初に作ったのは、「感動が盗まれている」と少女が黒い涙を流す映像でしたが、多くの方が見たことがあるのは、映画を盗撮しようとする「カメラ男」を「パトランプ男」が捕まえるものではないでしょうか。この映像は好評となり、第5弾まで作られています。

現在は、映画館以外でも「カメラ男」や「パトランプ男」について問いあわせをいただくことが増えたので、「NO MORE映画泥棒」は非常に多くの方に認知していただいたと思っています。

少し前は映画館で三脚を立てて盗撮をするような人もいましたが、「映画の盗撮は違法な行為だ」ということが広く知れ渡ったので、この盗撮防止の

キャンペーンは成功だったと言っていいと思います。

　また、映画を正しく見ていただくために、映画館の利用がさらに広がるような試みを行っています。毎月1日は誰でも割引で映画を鑑賞できるようにし、夫婦のどちらかが50歳以上だと割引になるキャンペーンなども行いました。すでに終了したキャンペーンもありますが、最近はデジタル映画鑑賞券を購入する際に、各社が発行しているポイントが使えるようにもなっています。

Q 読者に伝えたいことはありますか?

　海賊版被害にあっている、いろいろな業界の作品の中でも、映画は特に多額な製作費がかかって作られているという特徴があります。何千万円、何億円という製作費がかかります。映画は完成すると、まず映画館で作品が公開されます。その際に製作者たちに入る報酬は、映画を見にきたお客さんの鑑賞代金である「興行収入」から、映画館や、映画館と製作会社をつなぐ配給会社の割り当て分と宣伝費などを引いた金額です。そのため、興行収入が低ければ製作費が回収できず、赤字になってしまいます。

　興行収入の成績は公開が終了した後にも影響します。映画は公開終了後、DVD化されたり、配信サイトやテレビ局などで配信・放映されたりします。これを二次利用と言いますが、興行収入が低いと、そうした二次利用の話が来なかったり、来ても不利な条件になったりするのです。

　映画を海賊版で見るということは、製作した人たちに入るお金が減ってしまうということ。その結果、次の作品を作る予算が集められずに、作品を作り続けることができなくなる可能性があるということです。みなさんも、好きな映画や好きな俳優がいることでしょう。ぜひ、正しい方法で映画を楽しんでほしいと思います。そうすることで、映画を作る人たちも収入を得ることができますし、その結果、みなさんもたくさんの作品を楽しむことができる。映画を作る側と見る側で良い関係を築くことが、これからもより良い作品を作り続けることにつながるのです。

⑧ もしも海賊版に関して困ったことがあったら

被害や不安なことがあったら早めに相談をしよう

海賊版についてのルールは改正され、海賊版サイトへ誘導する行為や、海賊版と知りながらダウンロードする行為が違法となりました。現在、海賊版を見たり読んだりする行為自体は規制されていませんが、だからといって、海賊版の利用をしていいわけではありません。海賊版の利用は、著作者の利益を損ない、今後の文化の発展を妨げる行いです。作品は正規版で楽しむ習慣をつけ、怪しいと感じるサイトには行かないようにしましょう。もしも、怪しいサイトに行ってしまい、心配なことが起きたり、被害を受けたりしたら、信頼のできる大人や相談窓口に早めに相談をしましょう。代表的な相談窓口を紹介します。

ウイルス感染や詐欺の危険があったら

都道府県警察本部のサイバー犯罪相談窓口（警察庁）

https://www.npa.go.jp/bureau/cyber/soudan.html

コンピュータ・ウイルス感染、フィッシング詐欺など、インターネット上の犯罪に関する相談を受けています。上記のURLは、各都道府県警察の相談窓口へのリンクを掲載しています。

トラブルに巻き込まれたり、不安なことがあったりしたら

弁護士子どもSNS相談（第二東京弁護士会）

https://niben.jp/kodomo_sns.html

現在、不安に思っていることについて、弁護士が相談にのります。匿名でも大丈夫。相談時間外の場合は、LINEに質問を送れば相談時間に回答されます。相談時間：日曜日、火曜日、木曜日の19:00 〜 21:00

ここまで、他人の著作物を使うときは
ルールがあることなどを学んできました。
最後にトラブルにあったときの対処について説明します。

 考えてみよう

海賊版は誰のどんな権利を
どのように侵害しているのでしょうか?

- 侵害しているのは著作者に法律上与えられている権利=著作権
- 著作物を使うためには著作権者の許可が必要だが、
  海賊版は許可を取っていない
- 著作物を使うためには著作権者に対価を支払う必要があるが、
  海賊版は支払っていない

現在の海賊版の規制のほかに何が必要か、
自分たちにできることは何か、考えてみましょう。

さくいん

は

や

ら

● 監修／上沼紫野（うえぬま・しの）

虎ノ門南法律事務所所属弁護士。1997年に弁護士登録。2006年にニューヨーク州弁護士登録。知的財産、IT関連、国際契約等の業務をおもに行う。総務省ICTサービス安心・安全研究会「青少年の安心・安全なインターネット利用環境整備に関するタスクフォース」委員、内閣府「青少年インターネット環境の整備等に関する検討会」委員などを務める。共著に『著作権法実戦問題』（日本加除出版）、監修に『改訂新版　学校で知っておきたい著作権』シリーズ（汐文社）などがある。

● 編／メディア・ビュー（橋本真理子、酒井範子）

一般書籍、雑誌、企業の冊子、Webを中心に、企画・編集・デザインを行っている。おもな制作物に『東京フィフティ・アップBOOK』（東京都福祉保健局）、『からだにいいこと』（世界文化社）、『たまひよオンライン』（ベネッセコーポレーション）、『気をつけよう！ ネット動画』シリーズ、『のぞいてみよう　外国の小学校』シリーズ（以上、汐文社）などがある。

● 取材協力

一般社団法人コンテンツ海外流通促進機構（CODA）
一般社団法人日本映画製作者連盟　小学館集英社プロダクション

● イラスト／高田真弓　　● デザイン／大岡宏子　　● 編集担当／門脇 大

気をつけよう！　海賊版・違法ダウンロード
③ルールをやぶるとどうなるの?

2024年3月　初版第1刷発行

編　集	メディア・ビュー
発行者	三谷　光
発行所	株式会社汐文社
	〒102-0071　東京都千代田区富士見1-6-1
	TEL 03-6862-5200　FAX 03-6862-5202
	https://www.choubunsha.com
印　刷	新星社西川印刷株式会社
製　本	東京美術紙工協業組合

ISBN978-4-8113-3110-2